Bettina Ebert · Meike Dismer

So viel Liebe in deiner Trauer

So viel Liebe in deiner Trauer

Texte von Bettina Ebert · Bilder von Meike Dismer

ISENSEE VERLAG
OLDENBURG

Fotos: © Meike Dismer, Oldenburg
Portraitfotos: Imke Folkerts, Oldenburg

Bibliografische Information Der Deutschen Bibliothek

Die Deutsche Nationalbibliothek verzeichnet diese Publikation in der Deutschen Nationalbibliografie; detaillierte bibliografische Daten sind im Internet über http://dnb.d-nb.de abrufbar.

ISBN 978-3-7308-1905-0

© 2022 Isensee Verlag, Haarenstraße 20, 26122 Oldenburg – Alle Rechte vorbehalten

Gedruckt bei Isensee in Oldenburg

für
Helene

für
Wolfgang

Spuren I_Eitempera_90x120 cm

Gedanken zuvor
von Meike Dismer

> „Alles verändert sich mit dem,
> der neben mir ist
> oder neben mir fehlt."
> *Sylke-Maria Pohl*

In der Begegnung mit meiner Trauer hat mich immer wieder eine große Einsamkeit erfasst, ein unendliches Verloren-Sein in der Welt. Konfrontiert mit Angst, Wut, Schuld und Schmerz, schien es mir manchmal einfacher zu sein, mich abzuwenden von all der Trauer. Mich abzuwenden von der Enge in der Brust, den unaufhaltsamen Herzschmerzen, mich wegzuwenden von der Flut der Tränen und dem inneren Schrei. Doch Trauer braucht Zuwendung.
Es kommt vor, dass wir aus unterschiedlichsten Gründen in der Trauer steckenbleiben. Vielleicht fühlen wir uns den Emotionen zu sehr ausgeliefert, vielleicht fehlt das soziale haltgebende Umfeld oder wir sind im Alltag so stark eingebunden, dass kaum Zeit zur Innenschau bleibt. Doch wenn wir es wagen, all die unaussprechlichen Emotionen des Verlustes zu durchleben, kann sich die heilende Kraft der Trauer entfalten. Auch noch viele Jahre nach dem Verlust eines geliebten Menschen können unsere Trauergefühle große Heilkraft entwickeln.
Indem wir einen Raum oder Ausdruck für unsere tiefen, schmerzlichen Erfahrungen schaffen, sind wir ganz verbunden mit dem gegenwärtigen Empfinden. So können wir uns Einlassen, uns unserer Trauer zuwenden und dadurch einen inneren Raum öffnen, der uns wieder ins Fließen bringt. Denn Heilung erwächst aus Zuwendung.

Grossi - Eine Erinnerung

Grossi ist meine Großmutter. In ihrem großen alten Garten haben wir unser neues Haus gebaut.
Jetzt wohnt sie gleich neben meinem Zimmer. Nach dem Kindergarten legen wir beide immer Patiencen an ihrem runden hölzernem Wohnzimmertisch. In der Küche hat sie moderne bunte Plastikschälchen, auf die sie mächtig stolz ist. Die halte ich mir vor die Augen und sehe mir so die Welt in immer neuen Farben an. Es gibt grün, rot, blau, gelb und lila. Rot und lila mag ich besonders gern. Es ist lustig. Als Grossi krank wird, müssen ihre Beine amputiert werden.

Ich sehe uns noch in ihrem neuen Schlafzimmer liegen – im großen Ehebett, ich liege auf der Seite am Fenster. Wir recken die Beine in die Luft, rücklings auf dem Bett liegend, und kreisen mit den Füßen. Wir zählen bis hundert. Und dann andersherum.
Ihre Beine und Füße gibt es jetzt nicht mehr.

Meine kleinen Füße kreisen auch nicht mehr. Mit wem auch?
Die Arme werden vielleicht auch noch abgenommen werden müssen. Aber wie soll man denn dann Patiencen legen? Ich habe Angst, sie so wieder zu sehen.
Im Krankenhaus sind die Beine unter der Bettdecke. Nein. Im Krankenhaus liegt sie unter einer Bettdecke und ich kann nicht sehen, dass sie keine Beine mehr hat. Aber ich weiß es ja. Schnell werde ich wieder hinausgeschickt, ich glaube, sie hat mich nicht erkannt. Ich fühle nichts.
Oder doch? Keiner tröstet mich. Alle sind sehr beschäftigt.
Auf ihre Beerdigung werde ich nicht mitgenommen.

Unsere Patiencen lege ich jetzt allein. Alle sind froh, dass sie nicht ohne Arme und Beine weiterleben musste. Ich auch.
Aber sie fehlt mir. Meine Grossi.

Vierzig Jahre später

Ich schaue in Gedanken noch einmal durch die bunten Plastikschälchen aus ihrem Küchenfenster hinaus. Auf die lustige bunte Welt unbeschwerter Kindheitstage und der Kummer lässt meine Schultern erbeben. In meinen Händen halte ich das alte kleine Kartenspiel von damals und endlich können meine Tränen fließen…

Schenken wir unserer Trauer Zeit und Raum, um das auszudrücken, was unaussprechlich zu sein scheint – ob im Gesang, im Tanz, im Gespräch, im Zuhören, im Lauschen oder einfach nur im Atmen. Trauerwege sind so verschieden wie das Leben selbst.

So möchten wir mit diesem Buch – in Worten und Bildern – dazu ermutigen, den ganz eigenen Trauerweg zu gehen. Denn Trauer verbindet uns in tiefer Liebe mit denen, die gegangen sind und mit denen, die um uns sind. Und letztlich auch mit uns selbst.

Meike Dismer
Oldenburg 2022

Stille_Eitempera_80x80 cm

Gedanken zuvor
von Bettina Ebert

> Krankheit, Sterben, Tod
> – sie sind eingebettet in den Kreislauf des Lebens,
> sind Tatsachen unseres menschlichen Daseins,
> welches auch dem Geboren-Werden und der Zugehörigkeit,
> der Liebe, der Entwicklung, der Freude und dem Glück
> immer wieder neuen Raum gewähren möchte.

Solange es uns nicht trifft, können wir uns mit diesem Gedanken über das Dasein einverstanden erklären.
Doch plötzlich sind da Ereignisse. Und mit ihnen eine Zeit, in der wir Tod und Leben wie zwei Seiten einer Medaille erleben. Da ist der Tod in Sekundenschnelle die andere Seite von Leben.
Träume zerplatzen! Freuden können nicht mehr gefühlt, Pläne nicht fortgeschrieben werden. Unser Werdens-Prozess erfährt eine einschneidende Störung. Lebenskraft und Lebensmut entschwinden bis ins Unsichtbare. Vision ist nur noch ein Wort. Ein geliebter Mensch ist gestorben!
Die eigene Welt erscheint leer, glanzlos und dunkel. Wir irren umher. Die Trauer kommt über Nacht und stellt sich uns als neue Begleiterin vor. Wir müssen uns erst kennenlernen, um zu schauen, wie wir miteinander leben wollen. Schmerz und Wut wechseln sich, mit Gefühlen von Ohnmacht und einigen wenigen Sprenkeln schimmernder Hoffnung ab.
Sie ist wahrhaftig einzigartig, die Trauer. Sie geht mit jedem Menschen einen ganz besonderen Weg.
Mitten unter Menschen und doch allein, so kann es sich anfühlen, wenn wir in die Trauer geworfen sind. Manchmal hilft es, sich nach außen zu wenden, um lieben Menschen zu begegnen. Manchmal aber hilft es auch, nach innen zu gehen, um dort unterwegs zu sein. Unterwegs mit der Sehnsucht nach neuem Halt, neuer Orientierung und neuer Kraft für das Weiterleben und die ganz eigenen Aufgaben, die damit verbunden sind.

Ein jeder Mensch findet seinen eigenen, individuellen Weg mit Verlust und Trauer umzugehen. Hier lohnt es sich zu vertrauen!
Es ist nicht nur der Tod eines geliebten Menschen, der solche tiefen Erfahrungen auslösen kann. Unser menschliches Dasein ist voll von Sterbe- und Werde-Prozessen. Unsere Wege sind, auch in Momenten, die sich wie Stillstand anfühlen, beständig in lebendiger Bewegung. Unsere Gedanken und Gefühle sind mal niederschmetternd, mal hoffnungsvoll; dankbarerweise ab und an übersichtlich und geordnet, um überhaupt überleben zu können.

So gerne ich auch sortiere und Plätze definiere –
in meinem Leben mit der Trauer
waren sie ständige Begleiter
die Klabautermänner
die purzelbäume-schlagend
in meiner Seele
alles wieder durcheinanderbrachten.
Trauer gehört dazu
und es kann eine solche Kraft darin liegen!

Die Farbigkeit eines Trauerweges folgt keinem Schema, keinem Wunsch nach Ordnung oder Reihenfolge. Auch die Worte und Pinselstriche in diesem Buch tanzen ihre eigenen Choreografien. Doch sie berühren sich, und vielleicht berühren sie auch dich.

Bettina Ebert
Oldenburg 2022

Folge deinem Herzen … du findest … jeden Tag mehr und mehr … deine ganz eigene Kraft … für dein ganz eigenes Weiter-Leben.

Texte und Bilder

Vielschichtig_Eitempera_40x40 cm

Traumreisen

Wenn Du ein Vogel wärest
Sagtest Du
Würdest Du reisen in der Luft

Einmal von oben schauen
Würdest Du
Klaren Geistes wie Menschen es tun

Fliegen wann immer Du willst
Träumtest Du
Von Übersicht UND Innenschau

Blicke nach oben

Lasse mich treiben
auf des Wassers Strom

Vögel die kreisen
im Himmelsdom

Ich träum' ich könnt' fliegen
schwebend dahin

Atme entspannt
mit Freude und Sinn

Neue Horizonte I_Eitempera_80x80 cm

Verbindung

Eben noch gesund und froh
siehst Du vor Dir
Liebe, Touren,
viele Menschen sowieso

Machst Pläne
wohin Du noch willst
welche Strecken und Berge
Du noch erklimmst
Sonnig strahlt es in Deinem Gesicht
wenn Du lachend
vom Unterwegssein sprichst

Und plötzlich
ist es vorbei

Dein Leben
wie ausgeknipst
mal eben

Am Fenster _Pastelkreiden_30x40 cm

Sterben – leben – im Hospiz

In den letzten Minuten
bleibt mir
Deinem Atem zu lauschen

In den letzten Minuten
schenke ich Dir
leise Gesang und Gebet

In den letzten Minuten
streichle ich
die Liebe meines Lebens

Still steht Dein Herz
Dein Atem schweigt

Ich öffne das Fenster:
Raum Deiner Seele

Und das Brückenlicht
gibt die Botschaft
den Lebenden

Metamorphose der Träne_Eitempera_120x90 cm

morgens

morgens
wenn ihr alle noch schlaft
meine Tränen
längst schon wach
weint's und regnet's
tausend Meere
ob ich ihrer
Herr mal werde

es weint
es wellt
es regnet
jede Träne ist gesegnet

Kleines Schiffchen_Eitempera_120 x100 cm

Lebenselixier

In jedem Tropfen
verbunden mit Dir
wenn es wellt
wenn es wogt
wenn es regnet
in mir

ob im Wasser der Meere
des Himmels der Luft
ich rieche und schmecke
darin Deinen Duft

ich wasche mich
ich trinke
ich denk an Dein Grab
erinnere das Größte
die L I E B E
die das Leben uns gab

Weiterleben_Eitempera_80x100 cm

Tröstlich

Den verlorenen, geliebten Menschen
immer wieder im Äußeren suchen,
immer wieder sich verbinden wollen,
um nicht zu verlieren,
was diese Liebe,
diese starke, liebevolle Verbundenheit
ausmachte.
Dich immer wieder im Äußeren suchen,
um die Leere zu füllen.

Die Leere, die auch danach fragt,
was Neues in sie hineinfließen möge
ins Eigen-Sein,
den Eigen-Sinn,
des Eigen-Lebens.

Und wie nebenbei,
so denke und so hoffe ich,
füllt sich meine innere Leere
auch mit dem, was Dich und uns ausmachte
und durch mich
in mir,
aus mir
weiterleben will auf dieser Erde.

So trage ich Dein Vermächtnis,
Dein Sein
da, wo es das Meine befruchtete
auf dieser Erdenwelt herum.
Ebenso, wie andere Menschen die Dich liebten,
ein jeder auf seine Weise.

Vielleicht ist es ja
Dein Lachen,
Deine Weichheit,
Deine Wärme
die ich tief in mich aufgenommen habe
in den fünfzehn Jahren unserer großen,
wertschätzenden Liebe
und die ich – später einmal –
in meiner neu gewordenen Welt
wie eine innere Brosche
stolz tragen werde.

Wie schön diese Vorstellung.
Wie schön wäre das.
Wie schön diese Vorstellung –

und so nährend
in dieser Zeit
dieser traurigen und schweren Zeit.

Sehnsucht_Eitempera_40x90 cm

Sehnsucht nach mir

Müßiggang
mich Laufen lassen
mal an einem langen Stück
Stunden, Tage ohne
Verpflichtungen und Erwartungen
von außen
und selbst gestrickt

Raum und Zeit
für Einkehren
Auflösen
Fließen lassen
und wieder Auffüllen mit Licht

Zeit und Raum
für mich
wo find' ich dich
du stilles ICH

Klabautermänner

Schaue
Bilder glücklicher Momente
mit Dir
Es tränt aus mir
Ich begreife
meinen Schmerz

Erfülle
die Aufgaben des Lebens
ohne Dich
Es will in mir
durchhalten und
mein Lachen zurückgewinnen

Vielleicht liegt darin
die lebendige Bewegung
zwischen Licht und Schatten
meiner Seele
die solch einen
biografischen Ein-Schnitt
zu verarbeiten hat

Mein ICH will
Anschauen
Fühlen
Verstehen
Sortieren
Plätze definieren

Meine GEFÜHLE
bringen
purzelbäume-schlagend
alles wieder durcheinander

Libella Libra_Eitempera_70x70 cm

Spurensuche

Hinaus in die Natur
auf Lebenssuche-Spur.
Dort find' ich Stille, wenn ich will,
bin doch im Leben mittendrin.
Sehe wie es fliegt und summt und krabbelt
das Leben darin lachet.

Hinaus in die Natur
auf Lebenssuche-Spur.
Keiner sagt hier wie es geht,
dass Leben stirbt und weitergeht.
Sehe wie es fliegt und summt und krabbelt
der Tod darin er lachet –
weiß doch,
dass es weitergeht,
dieses Stirb- und Werde.

Hinaus in die Natur
auf Lebenssuche-Spur.

Rauhe See_Eitempera_80x80 cm

Die Zeit heilt alle Wunden

Die Zeit heilt alle Wunden, so heißt es. Vielleicht oder bestimmt wird es so sein.
Doch die Stelle in mir, diese Stelle, an der Du mein Leben so reich gemacht hast, meine Liebe und mein Lachen so groß, sie wird nie wieder so sein, wie in den fünfzehn Jahren mit Dir.
Neben all meinen schönen Erinnerungen wird eine große Narbe sein – später, wenn die klaffende Wunde sich einmal schließt, – dann, irgendwann.
Mein lauter Schmerz bohrt meiner geliebten Stille einen Speer mitten ins Herz.
Statt Blut fließt ein Wasserfall ins Tränenmeer.

Und endlich, endlich ist er wieder da, der versöhnliche Gedanke, der mich meinen Schmerz annehmen lässt:

Jeder Tropfen, jede Träne möge in die Unendlichkeit der Meere fließen und sich dort, auf ein Neues, mit Dir verbinden. Mit Dir Liebster, der Du im Element des Wassers Deine letzte Stätte finden wolltest, weil Du damit verbunden hast, unterwegs zu sein. Unterwegs in den Welten, die Du so gerne noch viele Jahre erkundet hättest.

So bleibt es
Unser Wir
In jedem Tropfen
Verbunden
Mit Dir   Amen! So sei es!

Allein_Kohle_21x30 cm

Vakuum

Wie wird es sein, mein Leben
ohne Dich, Liebster?

Mit dieser Frage bin ich
manchmal wie in einem Vakuum,
während ich durch mein Leben gehe.

Seit vier Monaten ohne Dich
weitergehe,
geduldig und achtsam
auf mein neues Lachen warte,
meine Entscheidungen treffe,
meine Trauer lebe.

Trauer gehört ins Leben!
Ja, genau so ist es
und GERADE während ich weine
atme ich tief
und bin
meinem Lebenssinn auf der Spur.

Ich schaffe das!
Ich schaffe das!

Befreit_Eitempera_80x100 cm

Herzschlag

Will mich bewegen
will mich spüren
neben all dem
Weinen
Lamentieren

Raus aus der Asche
aus des Feuers Glut
die größer ist
als all meine Tränenflut

Will mich erheben
Atem holen
aus der reinen Luft
ganz oben

H e r r
G o t t
überrasche mich
mit Leben
der Tod ist längst geschehen

Ei, jei, jei

Ja,
Zorn und andere
intensive Gedanken und Gefühle dieser Art
beginnen klein und deutlich aufzutauchen
in meinem Trauergeschehen.

Ich bin allein,
ich werde Entscheidungen
alleine treffen müssen.
Und doch wird es
Freunde geben,
nahe Menschen,
mit denen ich so Manches
bewegen, bedenken, besprechen kann.
Entscheiden muss ich alleine
und auch die Konsequenzen tragen.

Und wieder fordert das Leben,
ich möge ein Stück aus mir
heraus-erwachsen.
Nein, es ist kein neues Leben,
keine Neugeburt –
dieses Nadelöhr des Werdens.
Es wird wieder ein Stück
Erwachsenwerden gewesen sein,
wenn ich darauf zurückschaue
eines Tages.

Ein Leben lang sind wir Menschen unterwegs
und im Begriff aus dem Ei zu schlüpfen,
welches wir
in der geistigen Welt
einmal für uns ‚gelegt' haben.

Es klopft an die Schale,
es reißt etwas ein.
Licht durch einen Spalt herein,
erstes Füßchen hinausgestreckt,
auf die Finger geklopft bekommen,
den Kopf anstoßen,
an den Grenzen
der Schale,
die bis zum eigenen Tod
noch stückchenweise an uns klebt.
Bis wir dann selbst sterben
und in der geistigen Welt
ein neues Ei zusammenbasteln
für ein nächstes
lebenslanges Schlüpfen.

Momentaufnahme_Eitempera_40x40 cm

Oh wie ist die Zeit

Oh wie ist die Zeit
gefüllt,
von Licht und Schatten
durchwoben.
So mancher Wind
singt stürmisch sein Lied.

Gehalten im Miteinander_Eitempera_80x80 cm

Trauergemeinschaft

Vielen Dank,
für Euer Dasein, im Miteinander des So-Sein-Dürfens.
Vielen Dank,
für Eure Schicksals-Geschichten, die ich hören darf
und für das Zuhören, das Annehmen,
dessen was ich mitbringe.
Vielen Dank,
für das Erleben, wie meine Geschichte
nur eine von vielen ist.
Vielen Dank,
für das Gefühl, wie mein Schicksal sich relativiert
in diesem Bewusstwerden,
diesem gemeinsamen Tragen einer jeden Trauer.
Vielen Dank,
dass ich dabei spüre:
Die Rose, die ich verlor
war nur eine von vielen, aber immerhin eine ROSE.
DIE Rose der Erfüllung
in MEINEM Leben.
Vielen Dank,
für das Erleben, in aller Freiheit und Wertschätzung
traurig sein zu können.

Gerne bin ich Faden in diesem Netz,
welches trägt und Getragen-werden erleben lässt.

Gerne bin ich Faden in diesem Netz,
welches sich in Trauer knüpft und
sooooo viel Licht hindurchlässt.

Birkenhain_Aquarell_30x21 cm

Heute eine besondere Stille

Heute,
eine besondere Stille der Natur.
Eine große, gehaltene,
frei gelassen von sich selbst.
Nichts, was sie zerschneidet,
irritiert.
Kein Vogel, der flattert.
Kein Wind, der haucht.

Und doch ist gewiss,
in ihr kriecht und krabbelt
und lebt es.

Sie atmet,
wächst und
erneuert sich,
auch in ihren feinsten Momenten.

Kein Mucks,
ihr Treiben
wie angehalten.

Ein Geschenk
solch ein Moment, der,
der Kühle trotzend,
die Türen offenhalten will.

Welche Andacht,
welcher Gottesdienst
am frühen Sonntagmorgen.
Wie glücklich ich doch bin,
ein so früher Vogel zu sein.

So bleibe ich zu Hause,
genieße und schreibe,
endlich mal wieder,
ohne Blick auf die Uhr,
ohne den Takt des Broterwerbs.

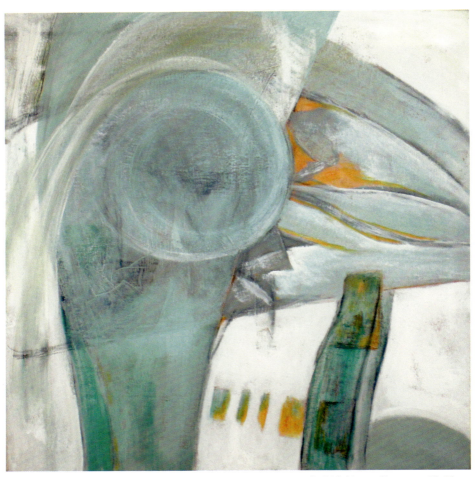

In die Welt hinaus_Eitempera_80x80 cm

Draußen-Welt

Wie gerne und leicht
Du mich einladen konntest
an Deiner Leichtigkeit
Deiner Weichheit
Deiner Wärme
Deiner Lebensfreude
teil-zu-nehmen

Und mich entführen
in die Draußen-Welt

Gehalten_Kohle_21x30 cm

Es sehn-sucht mich nach Dir

Es sehn-sucht mich nach Dir
Könnt' ich der Welt bestimmen
Du wärest hier bei mir
Mein Herz wollt' nicht zerspringen

Dein Kopf, er läg' in meinem Schoß
Würd' Deinen Atem spüren
Auf keinem Grab gäb's Deine Ros
Ich könnte Dich berühren

Baum mit goldenen Früchten_Eitempera_80x80 cm

Zurückschauen

Zurückschauen
zu den schönen Momenten
mit Dir

Sie sammeln,
betrachten, integrieren
in mir

Einen ewigen Platz
in meinem Herzen
bereiten

Dann,
im Vorwärtsschreiten,
die Ernte unserer Liebe
dankbar
der Welt schenken

Horizonte 11_Eitempera_80x80 cm

Dimension

Eine neue Verständnisdimension von
‚Das Leben miteinander teilen'
entsteht in mir.
Wie stark ich doch war an Deiner Seite.
Wie sehr Deine verstärkende Liebe mir fehlt.

‚Gemeinsam sind wir stark!'
‚Wir sind ein gutes Team!'
‚Wir schaffen das!'
sind Sätze, die wir oft sprachen
in unserem gemeinsamen Leben.

Dieses ‚Wir' gibt es nun nicht mehr,
weil Dein
‚Ich bin da'
gegangen ist
und mein
‚Ich bin'
seinen neuen Weg ohne Dich
erst wiederfinden muss.

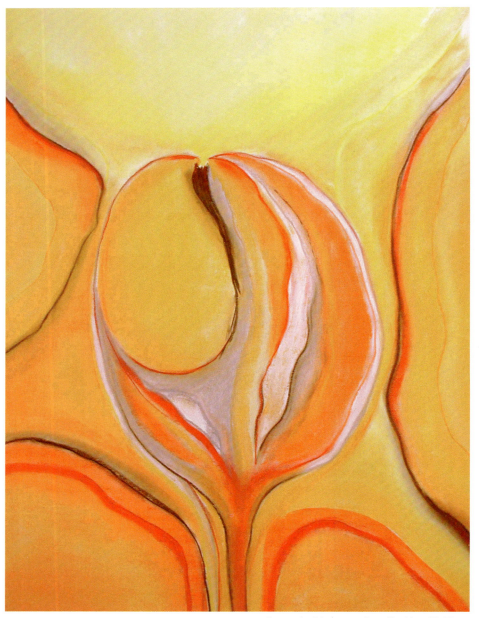
Knospe im Wachstum_Pastellkreiden_50x70 cm

Es gibt sie

Es gibt sie,
diese tiefe Kraft,
diesen starken Überlebenswillen,
dieses große
‚Ich schaffe auch das!'

Wie tief verankert
und von ganz oben
durch Liebe und Annahme
in der Aufrechte gehalten.

Ein feinster Seidenfaden,
der mittig durch mich gezogen,
stärksten Zug- und
Zerreißkräften standhält.

Dieser goldene Faden,
dieses Ja zu mir,
dieser göttliche
Da-Sein-Sollen-Gedanke.

Coming home 2.0_Ölkreiden_15x20 cm

Ich möchte doch nur trauern

Ich möchte doch nur
trauern

Hinschauen zu Dir
hinschauen zum Wir
beides verloren

Ich möchte doch nur
trauern

Wieder stark werden
für mein Leben
mein Tun in der Welt

Sehe mich sitzend

Sehe mich sitzend,
nach draußen still blickend
der Welt wieder zugewandt.

Sehe schmerzvoll gewogen,
feucht hängende Rosen
von sengender Sonne verbrannt.

Schaue,
erkenne,
– was fremd mir nicht ist,
noch neu,
noch un-vorher-bestimmt.

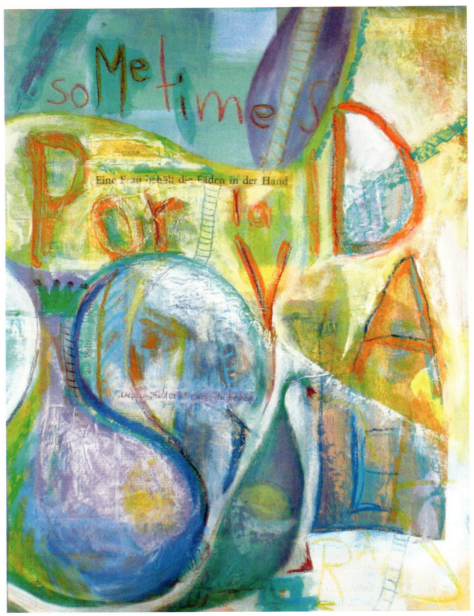

Por la vida_Eitempra_60x80 cm

Wie aus dem Takt

Wie aus dem Takt gerissen
Aller Balance entbunden
Die Worte, der Reim
Mein Schreiben, ein Schrei
Stift auf dem Papier
Nur um mich zu spüren
Mich und sie
Zerrissene, zerfetzte Seele
Gewaschene, gebügelte
Im Alltagstrott

Arm in Arm_Bleistift coloriert_30x21 cm

Möchte jetzt in Deinen Armen

Möchte jetzt in Deinen Armen
Spüren unsrer Liebe Macht.

Will mit Hand und Herz berühren
Dich heut' lieben fein und sacht.

Draußen regnet es in Strömen
Tränen, des Himmels weinend Ach.

Es will in mir fühlen

Es will in mir fühlen
Schreibend weben
Faden um Faden
Sich Worte ergeben

Nichts kann ich wollen
Nur spinnen ganz fein
Die Worte sie kommen
Sie fallen herein

Mich treibt nur die Sehnsucht
Die Sehnsucht nach Reim
Wenn Worte so hüpfen
Ist meine Seele daheim

Herzkraft_Eitempera_40x40 cm

Welten geschehen

Ich spüre dieses große Bedürfnis in mir:
Hand in Hand mit Dir durch meine Trauer zu gehen.
Dir meine Tränen zu schenken.
Mich anzulehnen an DICH.
Im Schmerz mit Dir verbunden zu bleiben.
Mit meinem inneren Bild von Dir zu reden und zu weinen.
Das Lächeln Deines Fotos zu erwidern.

Ich spüre das große Bedürfnis in mir:
Hand in Hand mit Dir durch meine Trauer zu gehen.
Und meine Liebe mit Dir weiterzuleben.

Coming home - Gipfelstürmerin_Ölkreiden_10x15 cm

Etwas in mir

Etwas in mir sagt, dass ich nicht so weitermachen kann wie zuvor. Dann, wenn meine Kraft wieder vollständig ist. Weitermachen wie zuvor, nur ohne Dich, das wird nicht gehen.
Ich spüre, es wird sich in meinem Leben etwas verändern, sich etwas umstellen, maßgeblich verwandeln, mich anders in meinem Da-Sein verorten. Vielleicht sind es innere Dinge, die in eine neue Stellung gebracht werden, damit ich erneuert durch mein weiteres Leben gehen kann. Vielleicht sind es äußere Dinge – wir schauen, wir schauen.

Wachstum_Eitempera_100x100 cm

Ende der Sommerzeit

Ende der Sommerzeit
Ende der Turbulenzen
des sich im draußen Verstrickens

Ende der Sommerzeit
Anfang der Einkehr
Wenn es draußen dunkelt
das innere Licht entzünden
Es pflegen

Ende der Sommerzeit
Zeitgeschehen welches
zu sich selbst zurückfindet

Wie schön wäre es
doch immer bei sich zu bleiben
Dem Zeiger der Stunden
keine Bedeutung zuschreiben
Dem eigenen, inneren Takt nur folgen
In allem Tun gegenwärtig sein
Kein Gestern
Kein Morgen
Nur das Hier und Jetzt
Leben
Voller Achtsamkeit
Voller Liebe
Wissen:
Es gab etwas vor uns
Es wird etwas nach uns geben

Ein Schritt

Ein Schritt ist zu gehen
Ich spüre es
Und bleibe –
Stehen

Erstarre
Erschaure
Bin so erschreckt
Ich will nicht
Ich will nicht
Will nicht von Dir weg

Ich weine
Und schreie
Es will nicht in mir
Will bleiben
Will bleiben
Will bleiben
Bei Dir

Es rüttelt
Es schüttelt
Es schwemmt so heraus
Will bleiben
Will bleiben
Will bleiben Zuhaus'

Es banget
Es hoffet
Es betet
Es schweigt
Ich spür nur
Ich spür nur
Bald ist es soweit

Hinaus in das Leben
Mein SEIN hinter mir
Groß steht es
Und stärkt mich
Von hinten im HIER

Von oben ein Licht
Ein ewiges Weiß
Es nährt mich
Es trägt mich
Es speist mich im Geist

Und Du mittendrin
Dein Tod wie ein Stein
Wir lieben
Wir wachsen
Nur Leben will es sein

Ein Schritt ist zu gehen
Ich spüre hinein
Und gehe hinaus
Auch dort kann ICH sein

Zu Hause in mir_Eitempera_80x80 cm

Das eigentlich eigene Leben

Das eigentlich eigene Leben
findet innen statt,
ist und bleibt ein Finden-wollen
der Erfüllung des Selbst.

In jenem Drinnen,
hell und dunkel wie es scheint,
Bestimmung wiedererkennen.

Und doch,
in der Wanderschaft durch's Leben
zurückkehren
zum eigenen Anfang,
in dem längst
alle Wahrheit verborgen.

Spirale_Eitempera_80x80 cm

Frei sein

Ja, ich sehe eine geliebte Aufgabe darin, und formulierte gestern erstmals:
‚Ich fühle mich fast, wie eine Botschafterin für die Trauer!'
Ja, ich will die Welt hören lassen, dass es dazugehört zu trauern, auch wenn das Leben weiter geht. So individuell, wie wir Menschen nun einmal sind.
Trauer gehört ins Leben und es kann darin eine so große Kraft liegen. Wir sollten den Mut zur Trauer haben, und dabei auch den Mut zum Rückzug, um unsere Wunden zu lecken. Die Welt wird uns schon wieder aufnehmen, ohne uns je verlassen zu haben. Dann, wenn wir wieder bereit sind, wie gewohnt oder neu geworden, an ihr teilzunehmen.
Genau wie wir Trauernden, dürfen doch auch unsere Mitmenschen sich anderen Dingen zuwenden. Sich zurückziehen – vielleicht von uns, um vielleicht eines Tages wieder mit uns zusammen zu kommen.

Frei sein, die Trauer zu leben.
Frei sein, mehr oder weniger Anteil zu nehmen.
Jedem seine Art zu trauern.
Jedem seine Art der Begegnung und Anteilnahme.

„Es gibt so viele Formen der Trauer, wie es Fingerabdrücke gibt!", habe ich einmal gehört. Und ich erlebe: Es gibt eben so viele Formen, für die Art des Hinschauens zu Trauernden, und die verschiedensten Farben und Klänge der Anteilnahme.
Auch wir Trauernden sollten das bedenken und es beachten – dann, wenn wir uns mutig zumuten – uns selbst und unseren Mitmenschen.
Lasst uns vertrauensvoll davon ausgehen, dass uns in jeder Lebenslage, und sei sie noch so schwer, das begegnet was uns nährt – im Endeffekt nährt. Denn die Liebe sagt: 'Es ist, was es ist!', und die Liebe beginnt immer im eigenen Herzen.

Es weint – es wellt – es regnet – jede Träne ist gesegnet.

Kleiner Prinz II_Eitempera_80x80 cm

Sternschnuppe

Ein Gruß
vom Himmel
kam geflogen
unvermittelt
ganz von droben

Du zu mir
– träumte ich mit offenen Augen

Anhang

Textverzeichnis
Texte von Bettina Ebert

Titel	Entstehung	Seite
Traumreisen	11.08.2015	17
Blicke nach oben	09.03.2016	19
Verbindung	08.02.2017	21
Sterben – leben – im Hospiz	22.01.2020	23
morgens	02.12.2016	25
Lebenselixier	22.09.2015	27
Tröstlich	26.01.2017	29, 31
Sehnsucht nach mir	01.02.2017	33
Klabautermänner	05.02.2017	35
Spurensuche	05.03.2017	37
Die Zeit heilt alle Wunden	16.03.2017	39
Vakuum	30.03.2017	41
Herzschlag	02.05.2017	43
Ei, jei, jei	10.04.2017	44, 45
Oh wie ist die Zeit	31.01.2020	47
Trauergemeinschaft	14.05.2017	49
Heute eine besondere Stille	13.08.2017	51
Draußen-Welt	15.08.2017	53
Es sehn-sucht mich nach Dir	30.09.2017	55

Titel	Entstehung	Seite
Zurückschauen	21.08.2017	57
Dimensionen	08.06.2017	59
Es gibt sie	18.08.2017	61
Ich möchte doch nur trauern	07.09.2017	63
Sehe mich sitzend	08.09.2017	65
Wie aus dem Takt	20.09.2017	67
Möchte jetzt in Deinen Armen	30.09.2017	69
Es will in mir fühlen	30.09.2017	71
Welten geschehen	02.10.2017	73
Etwas in mir	29.10.2017	75
Ende der Sommerzeit	29.10.2017	77
Ein Schritt	19.01.2020	78, 79
Das eigentlich eigene Leben	19.07.2017	81
Frei sein	10.08.2017	83
Sternschnuppe	06.11.2017	85

Bilderverzeichnis
Bilder von Meike Dismer

Titel Technik	Maße	Jahr	Seite
Zentriert Eitempera auf Leinwand	80x80 cm	2019	cover
Spuren I Eitempera auf Leinwand	90x120 cm	2010	6
Stille Eitempera auf Leinwand	80x80 cm	2019	10
Vielschichtig Eitempera auf Leinwand	40x40 cm	2020	16
Neue Horizonte I Eitempera auf Leinwand	80x80 cm	2011	20
Am Fenster Pastellkreiden auf Papier	30x40 cm	2019	22
Metamorphose der Träne Eitempera auf Leinwand	120x90 cm	2007	24
Kleines Schiffchen Eitempera auf Leinwand	120x100 cm	2009	26
Weiterleben Eitempera auf Leinwand	80x100 cm	2018	28
Sehnsucht Eitempera auf Leinwand	40x90 cm	2007	32
Libella Libra Eitempera auf Leinwand	70x70 cm	2008	36

Titel Technik	Maße	Jahr	Seite
Rauhe See Eitempera auf Leinwand	80x80 cm	2007	38
Allein Kohle auf Papier	21x30 cm	2019	40
Befreit Eitempera auf Leinwand	80x100 cm	2016	42
Momentaufnahme Eitempera auf Leinwand	40x40 cm	2013	46
Gehalten im Miteinander Eitempera auf Leinwand	80x80 cm	2017	48
Birkenhain Aquarell auf Papier	30x21 cm	2019	50
In die Welt hinaus Eitempera auf Leinwand	80x80 cm	2009	52
Gehalten Kohle auf Papier	21x30 cm	2019	54
Baum mit goldenen Früchten Eitempera auf Leinwand	80x80 cm	2017	56
Horizonte 11 Eitempera auf Leinwand	80x80 cm	2011	58
Knospe im Wachstum Pastellkreiden auf Papier	50x70 cm	2008	60
Coming home 2.0 Ökreiden auf Papier	15x20cm	2020	62
Por la Vida Eitempera auf Leinwand	60x80 cm	2009	66

Titel Technik	Maße	Jahr	Seite
Arm in Arm Bleistift coloriert	30x21 cm	2017	68
Herzkraft Eitempera auf Leinwand	40x40 cm	2019	72
Coming home - Gipfelstürmerin Ölkreiden auf Papier	10x15 cm	2020	74
Wachstum Eitempera auf Leinwand	100x100 cm	2015	76
Zu Hause in mir Eitempera auf Leinwand	80x80 cm	2017	80
Spirale Eitempera auf Leinwand	80x80 cm	2011	82
Kleiner Prinz II Eitemprera auf Leinwand	80x80 cm	2017	84

Meike Dismer

wurde 1965 im Landkreis Hannover geboren.
Sie arbeitet seit 2002 als freischaffende Künstlerin
in Oldenburg und ist Mitglied im Berufsverband
Bildender Künster*innen und Mitbegründerin der
Ateliergemeinschaft Atelier 95 nord.
Als selbstständige Gestaltkunsttherapeutin leitet
sie seit 2010 das Projekt „Trauer und Kunst"
in Kooperation mit dem Hospiz St. Peter in
Oldenburg.

www.meikedismer.com

Bettina Ebert

wurde 1961 in Hessen geboren.
Sie arbeitet seit 2004 als selbstständige
Büroorganisatorin und Coach.
Als Trauerbegleiterin (ITA) und Kursleiterin
„Waldbaden-Achtsamkeit im Wald" ist sie seit 2016
im Hospiz St. Peter in Oldenburg ehrenamtlich tätig.

www.inordnung-ol.de